Theo von Taane

Wer schwankt hat mehr vom Weg !

Aus der Humor Reihe: „Heute schon gelacht?"

Bibliografische Information der Deutschen Nationalbibliothek:
Die Deutsche Nationalbibliothek verzeichnet diese Publikation in der Deutschen Nationalbibliografie; detaillierte bibliografische Daten sind im Internet über http://dnb.dnb.de abrufbar.

© 2015 Theo von Taane; 1. Auflage

Texte: **Theo von Taane**
Grafiken: © 1998 TLC Tewi Verlag GmbH

Herstellung und Verlag: BoD – Books on Demand, Norderstedt

ISBN: 9783734758614

Wer schwankt
Hat mehr vom Weg !

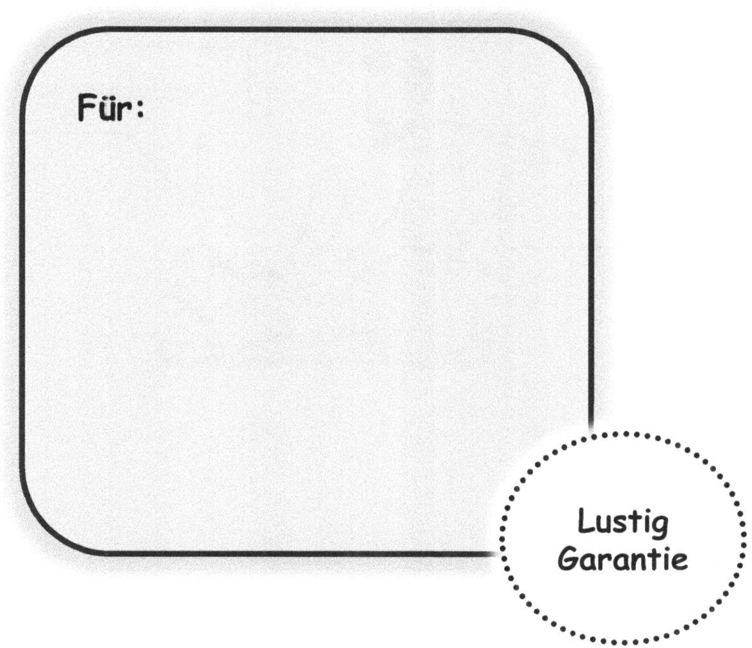

Masseur

Als Masseur habe ich schon viel gesehen und erlebt. Aber es gibt die eine Sache die wir überhaupt nicht leiden können.
Ach, und die wäre?
Anpupen!!!

Sekretärin

Ok, wenn ich noch einmal ihre Nachricht an Herrn Maier wiederholen darf: „Du bist ein dummer Geizknochen und kannst dir dein Handtuch als Jahresbonus in deinen verwichsten, alten Arsch drücken."
Wenn ich empfehlen dürfte statt des Wortes ‚drücken', das Wort ‚schieben' zu verwenden, hört es sich stilistisch wesentlich passender an.

Katze

Oh, wieder dieser Erbsbrei, schmeckt zwar nicht, aber dann kann ich wieder die Bude vollpupsen und habe genügend Platz auf meinem Lieblingssessel!

Hier liebes Kätzlein, happa happa.

Bauchredner

Tapezieren

Schatz, wie geht es jetzt weiter? Habe die Tapete schon auf die halbe Wand gebracht, aber nun ist mir das Pattex ausgegangen.

Bewerbung

Ok, ich sehe ein, die Frage nach ihrer Hauptqualifikation war offenbar ein Fehler.

Schule

Aber selbstverständlich haben sie als Schulleiter das Recht unangemeldet einer Unterrichtsstunde beizuwohnen. Sie sind sicher gekommen, weil sie von meinem erfolgreichen ‚Dann hau doch ab und tue was du willst' Programm gehört haben, richtig? Leider ist gerade kein Schüler da, aber die müssten dann in ca. 30min zur Biostunde von Frau Meier alle wieder anwesend sein.

Regen

Da fällt mir ein,
hast Du
eigentlich den
Wasserhahn
zugedreht?

Badezimmer

Chemiker

Interessant, interessant. Ich erhitze das Wasser und es entsteht ein seltsam weißer Dampf. Diese Entdeckung wird mir zum Durchbruch verhelfen!

Marketing

Sehr geehrter Vorstand,
darf ich ihnen vorstellen:
Das **Nichts**!
Vielfach anwendbar, z.B.
- **Nichts** ist unmöglich
- **Nichts** für Ungut
- sich in **Nichts** auflösen
Zielgruppe: Für Leute die alles haben und
Nichts brauchen.
Marketingstrategie: Viel Lärm um **Nichts**
Produktdesign: Nach **Nichts** aussehen
Wie lautet ihre Entscheidung?
Sie wissen ja, sie können **Nichts** verlieren.

Bildermännchen

Voodoo

War eventuell doch keine so gute Idee von dir diesen Voodoo Zauberer einen alten Spinner zu nennen.

Wurm

Aber natürlich kann ich Wünsche erfüllen, aber dazu muss ich erst viele Äpfel essen. Bringe mir den Kasten Äpfel und dann lasse ich ein Wunder geschehen.
...nämlich dass ich erstmals so richtig satt werde. He he ...

Sekretärin

Seit der Direktor diese neue Sekretärin hat,
traut sich keiner mehr nach einer Gehaltserhöhung zu fragen.

Experte

Darf ich vorstellen,
unser neuer Cost
cutting Experte den
uns das
headquarters
geschickt hat.

Ja, man sagt, er
habe genau das
richtige Mittel um
effektiv mit
Wasserköpfen
umzugehen.

Nerd

Verstehe ich nicht. Weshalb hat die Bibliothekarin so dämlich gegrinst als sie mir gesagt hat, ich könnte mir die ebooks selbst aus dem Hochregal downloaden und persönlich zur Buchausgabe streamen?

Blockhaus

Nach intensiver Internet Recherche hatte Frank nun endlich den ersehnten Baustoff bestellen können. Sieben Riesenblöcke für den Fundamentbau seines Einfamilien-Blockhauses.

Forschung

Aha, eine Mikrobe.
Und dahinter? Sieht
aus wie ein Hund der
sie jagd. Doch welche
Rasse?

Entdeckung

Ein blitzender Funke, ein helles Aufflackern...ich werde es...Feuer nennen.

Unterricht

Nein Peter, das Ergebnis lautet nicht:
Der Gärtner zog beim Laubharken über
100 Wurzeln in einer Stunde!
$\sqrt{100} = ?$

Kollege

Frau Müller, ich war so frei auf die Rückseite ihres Berichts noch meine wichtigsten Kontaktdaten zu schreiben, also Name, Telefonnummer, email, Postadresse, Blutgruppe, Hobbys, Liebingsessen und Schuhgröße und noch ein paar weitere fachlich relevante Daten, nur für den Fall sie haben vielleicht noch die eine oder andere Rückfrage zu meinem Feedback.

Schneeball

Bewirft du mich auch nur ein einziges mal mit einem Schneeball zerfetzt dich mein Anwalt in der Luft!

Ausgehtuch

Sehr geehrte Dame, wenn ich Ihnen das gleich vorführen dürfte? Das ‚Immer-bereit-Ausgehtuch‘. Sehr praktisch , z.B. wenn mal fürs Fertigmachen keine Zeit mehr bleibt.
Immer-
bereit-
Ausgehtuch

Sparmaßnahmen

Fitness

Sag mal Peter, ist das nicht diese Prominente aus dem Fernsehen? Die trainiert ja schon mindestens seit zwei Stunden ohne Pause. Wie schafft sie das?

Das liegt an ihrem Manager, der sie heute zum Training gebracht hat.

Wie meinst du das?

Naja, damit sie so richtig in Form kommt hat er ihr erzählt, dass es hier versteckte Kameras gibt, die ihr Training live ins Fernsehen übertragen.

Geburt

Ja, und war das gerade ein Lächeln? Einfach süß.

Ok, aber wäre es dann jetzt nicht an der Zeit der Mutter zu sagen, dass sie aufhören kann mit dem Pressen? Ihre Gesichtsfarbe wechselt gerade von rot auf lila.

Sieht gesund aus. Zwei Augen, Nase, die Ohren. Alles dran.

Schneemann

Seltsam war nur, dass mit zunehmender Anzahl von verkauften Karotten auch die Anzahl an Meldungen über vermisste Schneemänner stiegt.

Aufgabe

Peter, was ergibt 1+1 zusammen?
Einen Moment, ich habe es gleich.
1 + 1 = 11? Nein, zu hoch.
1 + 1 = 1.1? Nein, zu niedrig.
1 + 1 = √1+1? Nein, zu kompliziert.
Vielleicht komme ich eher bildhaft zum Ergebnis?
1 + 1 = 1 Erdbeer-Frühstücks Marmeladenpäckchen wie von McDoof = reicht für 2 große beschmierte Toasts, d.h. das Marmeladenpäckchen : 2 = 2 Portionen = 2
Das muss es ein!
Das war einfach. Die Antwort lautet ganz klar: 2

Weihnachtsmann

Amor

Verdammt daneben,
hatte gestern wohl zu
viel Wein. Naja, dann
halt wieder einer mehr
der es lieben wird
Bäume zu ‚umfassen'.

Bildmaler

Peter, der Junge hat echt Talent. Schau dir doch die Dynamik in seinem Pinselstrich an. Einfach genial.

Naja ich weiß nicht recht..

Typisch Peter, da entdecke ich ein großes Talent und du mäkelst nur rum.

Das ist es nicht, aber der Junge sollte die Obstschale abmalen und mittlerweile ohne Pause das zehnte Bild mit immer dem gleichen Schiff gemalt!

Fahrrad

Und Luise immer schön nur auf dem Fußweg fahren, du weißt ja was beim Autounfall mit Werner passiert ist, mit seinen ganzen Eingeweiden, den abgerissenen Armen und Beinen und das viele Blut die bei seinem Autounfall noch 10m weit gespritzt ist.

Nichtschwimmer

Fee

Herr Grossfuß,
auch wenn sie das Geld für
die Rolle dringend brauchen,
aber für die Besetzung der
Fee haben wir uns doch etwas
anderes vorgestellt, sagen wir
mal, etwas mehr feminineres.

Tanzen

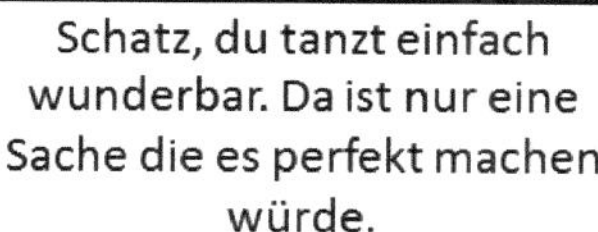

Schatz, du tanzt einfach wunderbar. Da ist nur eine Sache die es perfekt machen würde.
Was denn Liebling?
Wenn du dabei nicht auf meinen Füßen stehen würdest.

Vertrag

Warten sie Herr Meier, bevor wir den Vertrag zu diesen niedrigen Konditionen für mich unterzeichnen, muss ich mir erst noch die passende Brille aufsetzen.

Englischunterricht

Im Cafe

Finde ich jetzt schon ein wenig lästig, dass man sich im do-it-yourself Kaffeehaus seine Kaffeetassen selbst töpfern und brennen muss. Die Kaffeeernte steht ja auch noch an, nächstes Jahr.

Schwimmanleitung

Bockspringen

Auch noch nach einer halben Stunde des Wartens glaubte Petra, dass Frank noch zum Bockspringen kommen würde.

Jockey

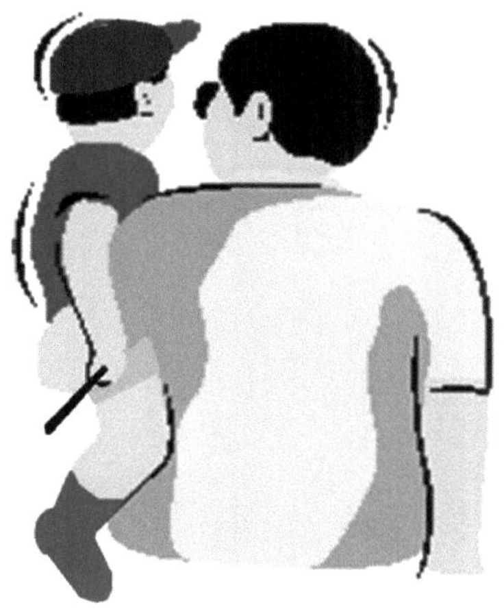

Und denk daran was ich dir gesagt habe. In den Kurven, etwas mehr Leine geben. In der letzten Runde dann die Sporen.

Kindersicht

Skulptur

Nach einiger Überlegungen hatte
Heinz zu guter Letzt doch noch eine
gute Verwendung für seinen alten,
trockenen Käse gefunden,

Weltall

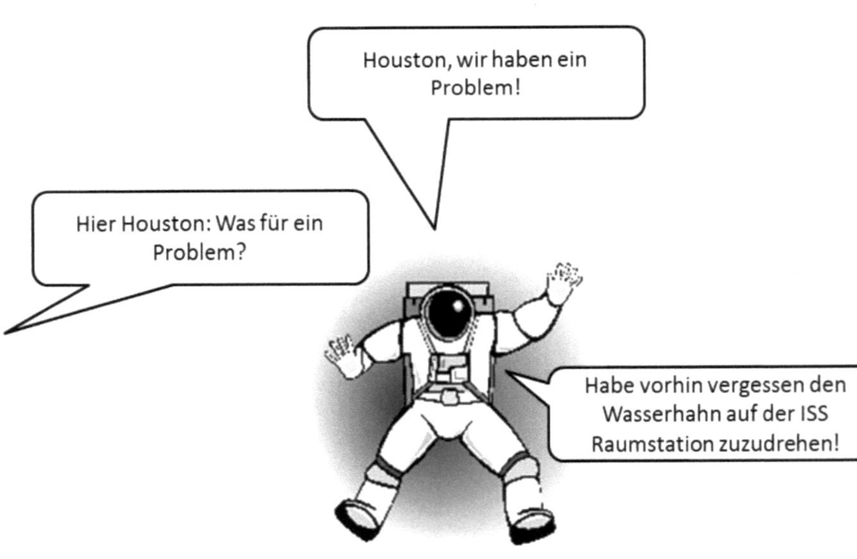

Houston, wir haben ein Problem!
Hier Houston: Was für ein Problem?
Habe vorhin vergessen den Wasserhahn auf der ISS Raumstation zuzudrehen!

Kurs

So, Herr Müller. Hier haben sie ihre
Übungspuppe. Wenn sie gelernt haben ihre
Bewegungen zu manipulieren, sind sie bereit für
das große Abschlussstück „Tanz der Vampire"
unseres Führungskurses.

Sandkasten

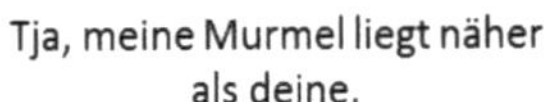

Tja, meine Murmel liegt näher als deine.

Vielleicht, aber was würde passieren, wenn jetzt ein Sandsturm kommen würde und dir eine volle Ladung Sand in die Augen wirbeln würde? Ich frage dich: möchtest du das?! Möchtest du das?!!!

Unterricht

Herr Müller, kommen sie wieder. Die Klasse braucht sie doch. Ich ziehe meine Frage auch wieder zurück.

Gerichtssaal

Bewerbungsgespräch

Auto

Vielleicht ist jetzt
die Zeit gekommen
das Verdeck
meines Cabrios zu
schließen?

Liebe Studentinnen und Studenten,
was ich hier an die Tafel geschrieben habe , ist das Ergebnis von über 40 Jahren Berufs-erfahrung und finales Forschungsergebnis.
Mathe ist doof!

Bücher, Spiele und Kalender von Theo von Taane

o	Mein Ziele Buch	ISBN: 9783734728570
o	Tennis Witze Knallbonbons	ISBN: 9783732296490
o	Tennis - ewiger Kalender	ISBN: 9783734741289
o	Witze rund um Volleyball	ISBN: 9783734731801
o	Witze rund um Basketball	ISBN: 9783734703824
o	Witze rund ums Schwimmen	ISBN: 9783734734460
o	Witze rund um Schach	ISBN: 9783734731658
o	Witze rund um Tischtennis	ISBN: 9783734731648
o	Witze rund um Eishockey	ISBN: 9783734730716
o	Witze rund ums Fechten	ISBN: 9783734731976
o	Witze rund um Handball	ISBN: 9783734731690
o	Witze rund um Badminton	ISBN: 9783734732875
o	Witze rund um Karate	ISBN: 9783734731666
o	Witze rund um Judo	ISBN: 9783734731674
o	Witze rund um Golf	ISBN: 9783734731704
o	Witze rund um Fußball	ISBN: 9783734731712
o	Witze rund ums Boxen	ISBN: 9783734731720
o	„Je öfter man drückt, desto schneller kommt der Fahrstuhl!"	ISBN: 9783735785794
o	Am. Football Notiz- und Taktikblock	ISBN: 9783734747229
o	Badminton Notiz- und Taktikblock	ISBN: 9783734747953
o	Baseball Notiz- und Taktikblock	ISBN: 9783734748073
o	Basketball Notiz- und Taktikblock	ISBN: 9783734748110
o	Bowling Notiz- und Taktikblock	ISBN: 9783734748127
o	Cricket Notiz- und Taktikblock	ISBN: 9783734748134
o	Eishockey Notiz- und Taktikblock	ISBN: 9783734748387
o	Fechten Notiz- und Taktikblock	ISBN: 9783734748455
o	Feldhockey Notiz- und Taktikblock	ISBN: 9783734748844
o	Fußball Notiz- und Taktikblock	ISBN: 9783734748851
o	Futsal Notiz- und Taktikblock	ISBN: 9783734748868
o	Handball Notiz- und Taktikblock	ISBN: 9783734748875
o	Lacrosse Damen Notiz- und Taktikblock	ISBN: 9783734748882
o	Lacrosse Herren Notiz- und Taktikblock	ISBN: 9783734748905
o	Korbball Notiz- und Taktikblock	ISBN: 9783734748936
o	Rugby Notiz- und Taktikblock	ISBN: 9783734748943
o	Schach Notiz- und Taktikblock	ISBN: 9783734748950
o	Squash Notiz- und Taktikblock	ISBN: 9783734748974
o	Tennis Notiz- und Taktikblock	ISBN: 9783734746406
o	Tischtennis Notiz- und Taktikblock	ISBN: 9783734748967
o	Volleyball Notiz- und Taktikblock	ISBN: 9783734748981
o	Wasserball Notiz- und Taktikblock	ISBN: 9783734748998

Bücher, Spiele und Kalender von Theo von Taane

- Foto & Malen & Basteln Postkarten
  Kalender zum Selbermachen   ISBN: 9783734745393
- Brettspiel: Spannende Geschenkejagd   ISBN: 9783734740466
- Brettspiel: Schnappt Ede!   ISBN: 9783734741357
- Winterzauber – ewiger Kalender   ISBN: 9783734758249
- Wüsten – ewiger Kalender   ISBN: 9783734760112
- Internet Kunstblicke – ewiger Kalender ISBN: 9783734732089
- Gartenpracht – ewiger Kalender   ISBN: 9783734755033
- Leonardo da Vinci – ewiger Kalender   ISBN: 9783734755392
- Meeresbrandung – ewiger Kalender   ISBN: 9783734759789
- Tierbabys – ewiger Kalender   ISBN: 9783734760082
- Südseetraum – ewiger Kalender   ISBN: 9783734757891
- Wolkenwunder – ewiger Kalender   ISBN: 9783734758256
- Piraten – ewiger Kalender   ISBN: 9783734759697
- Grammatik bei Meister Yoda ich hatte! ISBN: 9783734758584

uvm…

„80% meiner Freizeit verbringe ich hilflos in Drehtüren!"
ISBN: **9783735758125**

Inhaltsverzeichnis

Untertagewerk – Das Leben ist hart, bisher hat es noch keiner überlebt!

Abhubfantasien – Bergab geht's schneller als zu Fuß!

Internetmysterien – Gibt es Freunde außerhalb von Facebook?

Bonap Petit – Ich nehme nicht einfach zu, ich gebe Kalorien ein Zuhause!

Relativitätstheorie – Du und ich, wir sind schon ein tolles Trio!

Körperertüchtigung – Das Wichtigste am Schweißausbruch ist das ‚w'!

Tierfreunde – Falls jemand heute abend Schäfchen zählen will: Eins fehlt, ich hatte heute Lamm!

Wissen schafft Platz – Ein Drittel? Nicht mit mir, ich will mindestens ein Viertel!

Abenteuer Einkauf – Im Supermarkt klauen gehen und nach dem Kassenbon fragen!

Jahrestage – Da will man mal in Ruhe das ganze Haus putzen und was passiert? Man hat keine Lust!

Dies & Das – Oh nein! Mein betrunkener Zwilling war wieder unterwegs!

Der Wunschknopf – Zuerst hatte ich kein Glück, und dann kam noch Pech hinzu!

__Untertagewerk__ – Das Leben ist hart, bisher hat es noch keiner überlebt!

Auf dem Friedhof

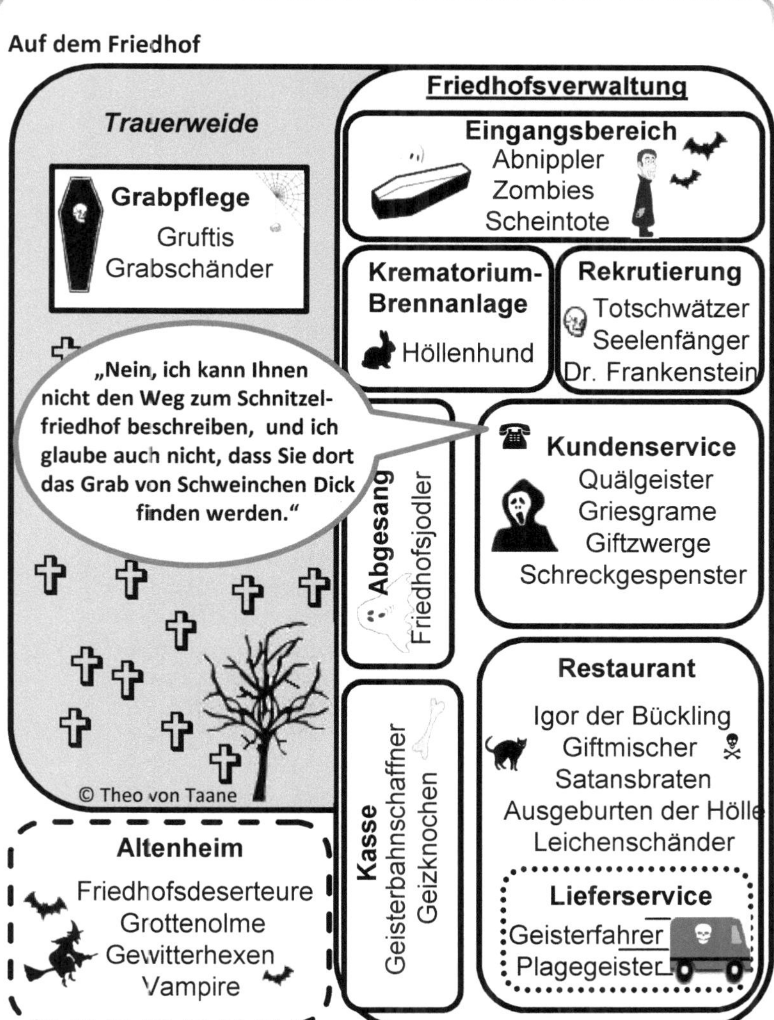

Im Solarium

© Theo von Taane